칸트의 동물원

칸트의 동물원

이근화 시집

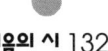

민음의 시 132

민음사

自序

프라이데이 나이트, 개미 공장, 영덕 대게,
우물 속의 여자, 골목길, 구름의 배후,
냉장고, 뜨거운 감자, 세 번째 죽은 마을,
짱구네 분식, 과감한 나무, 벙어리 요리사 등이
시집에서 제외되었다.

차례

自序 5

제1부

피의 일요일 13
눈뜬 이야기 14
본 적 있는 영화 16
칸트의 동물원 17
왕의 항아리 20
멍든 자국 22
식사 시간 24
단지 금발인 여자 26
고베의 지진 29
지붕 위의 식사 30
수레의 영혼 32
꿈의 구장 34
아이스링크 36
이중 모션 38
따뜻한 비닐 40
검은 소설 42
크래커 데이즈 45
두 얼굴의 구름 46
박쥐처럼 48

제2부

아이 라이크 쇼팽 53

고등어 54

유리문 안에서 56

만원 버스 58

칠레라는 이름의 긴 나라 60

아이스크림 62

나나 63

이상한 각도 64

세계의 날씨 65

요술 66

공놀이 67

풀 스토리 68

기차를 타고 유럽의 얀에게 69

새벽 강가에서 70

무서운 옷장 71

당근 소동 72

사소하고 개인적인 슬픔 74

나를 생각하는 어둠 76

희망에 대해 말씀드리지요 78

제3부

봄의 얼굴 81
그해 여름 84
칠 일간 86
기중기 88
철의 장막 89
뮤직 박스 92
미래의 이야기 94
새들의 전쟁 96
부츠와의 대화 97
불타오르는 운동장 98
그리운 비둘기 100
지하로 달리는 사람들 102
멀리 애인의 마음을 나는 모르고 103
먼 나라에서 에리카가 편지를 쓸 때 104
당신의 삶이 변화하지 않는다면 무슨 소용이에요 106
잃어버린 고양이와 바다를 찾아 떠나는 여행 108
하이웨이 컬렉션 110
나의 사랑 김철수 112
육교 114

제1부

피의 일요일

　스킨헤드族이었고 샤넬의 새로운 모델이었던 그녀가 로마 가톨릭에 귀의하여 사제의 발걸음을 배울 때, 일요일의 종소리는 열두 시와 여섯 시에 한 번

　나는 이 형식을 벗어나서 휴식을 취할 수 없다

　독일式 화이버를 쓴 남자는 일 초 전이나 일 초 후의 내 자리를 지나고 휘파람을 씨익 불지만 저기 멀리 달아나는 오토바이의 시간

　오토바이는 오토바이의 형식으로 달리고
　모래는 모래의 날들 위에 반짝인다

　누군가 목격하였다고 해도 나는 같은 형식으로 잠들고 멀지 않은 곳에서 사제는 사제의 발걸음을 옮긴다 종소리는 열두 시와 여섯 시에 한 번

눈뜬 이야기

이 집 만두와 저 집 만두 사이
배달통과 전화벨 사이
오토바이의 시간과
신호등의 시간 사이
깜박이는 눈동자와 떠오르는 낡은 추억 사이
배기통의 푸른 연기와 날아가는 헬멧 사이

처녀와 처녀가 빼문 붉은 혀 사이
신호등과 플래카드와 피켓과 예수회의 구원 사이

사이사이 사라지는 무한정 아름다운 꼬리와 단 하나의
꼬리 사이

귀신과 귀신의 출몰과 출몰의 이야기 속의
당신의 공포와 공포의 색깔 사이
웅크림과 웅크림 속의 푸른 알약 사이

잊혀진 손맛과
사라진 만두 사이
입맛을 바꾸어 가는 사람들과

신호등이 예비하는 발걸음 사이

당신의 무고함이 울리는 오랜 경적 소리, 소리들.

본 적 있는 영화

 반쯤 뜬 눈으로 우유팩이 든 검은 비닐봉지를 들고 흔들거리며 걸어도 모든 게 반 토막으로 보이는 건 아니야

 물론 남은 우유를 위해 고양이를 키우는 건 아니지만
 저기 아침 창가의 이다, 햇살과 먼지 속에 아무렇게나 찢어진 고양이

 나는 쉽게 이다를 잊지만
 쉽게 잊혀진 이다는 창문의 높이에 익숙하고
 이다는 창가의 이다
 장롱 위의 이다
 본질적으로 지붕인 고양이

 내가 앉아 있는 나무 위에서의 식사는 즐겁지
 내가 앉아 있는 나무의 나뭇가지에서는 새들이 울고 야단이지

 가끔씩 나는 검은 비닐봉지에 우유팩을 넣고 흔들거리며 걷지 모든 게 반 토막으로 보여도 좋아

 혹은 보이다 말다 해도 나는 보았다고 생각해

칸트의 동물원

1

꼬리를 밟지 않기에는
꼬리는 너무 길고 가늘고 아름답다

2

고개가 반쯤 기울어졌다면
그건 자세가 아니라 행위지
초록 스타킹은 탄력을 잃고
곧 허물어진다
두 다리는 반복적이지만
길은 곧 사라지지
서툰 것들은 피를 흘리고
내내 피를 흘리지

3

고양이와 나는

밤의 골목에서
따로 헤매고
밤낮없이 차들은 달린다
헤드라이트는 눈처럼 보이지만
분명히 보았다고는 말할 수 없다
104동을 기어오르는 달과
허물어지는 쓰레기 더미
뒤돌아보면 꼬리뿐인
고양이

4

한밤의 전화벨 소리
맥주병을 거꾸로 들고 깨던 사람이
갑자기 고요해진다면
얼마나 쓸쓸해질 것인가
하늘은 얼마나 새파랗게 금 갈 것인가
남의 머리통을 부수던 사람이
제 머리통까지 부순다면

얼마나 서러워질 것인가
한밤의 전화벨 소리

5

꼬리에 꼬리를 물고 돈다면
그건 사라지는 놀이지만
사람들은 언제라도 중간부터
시작된다

왕의 항아리

1

이것은 나의 몸이다
왕의 항아리다
나는 팔과 다리가 없다
한 번 베어진다면
목을 내놓겠으나
소문의 항아리는
이야기를 닮았고
이야기의 배는 부르다
구른다면 한 번뿐인
몸이나 이것은
기억의 항아리다

2

　지붕 위를 날고 물 위를 걸으며 세 개의 방을 지나 나는 왕의 항아리를 만났으나 왕은 기억의 왕, 5초 전의 위험과 5초 후의 바람을 기억하니 나는 이야기의 끝

3

 귓속의 파리 귓속의 엔진 귓속의 발자국 나는 나의 기억에 기댈 수 없고 말할 수 없으니 지금 바로 다음 장으로 넘어가 주시기를 그곳에서 나는 왕과 항아리 나는 그 다음 장에서 취할 수 있으니 아직은 꿈속의 발걸음 인형의 집 담장 위의 깨진 병 소문 속의 진실 이야기 속의 배고픈 귀

멍든 자국

우편함에서 걸어 나오는 나쁜 소식처럼
어지럽고 어려운 고양이
독자성을 버리지 못하고 걸어가는 저 낡은 포즈

고양이는 뜻없이 멈춰 서고
고양이는 뒤돌아본다
나는 시궁쥐의 공포 속으로
고양이의 발톱 밑으로
고양이는 부드러운 발길질을 멈추지 않고

계단의 높이
난간의 높이
담장의 높이
높이를 잃은 고양이들과
나의 데드마스크

어떤 자세로도 고양이는 추락하지 않는다
붉은 꽃잎 같은 고양이

길의 이쪽과 저쪽에서

고양이와 내가 살아가는 교묘한 방식

고양이는 나의 눈 속으로 제 발을 담그고
나는 나의 눈에 고양이를 묻는다

식사 시간

지상에서의 마지막 가족들이 모여 기름 냄새를 피우고 나는 슈베르트를 듣는다

空腹와 클래식은 날것이고 잔인하다 슈베르트는 못생겼으나 음악은 나의 거울이 된다 그들을 몹시 욕하고 싶지만

나는 옆집 가족들의 얼굴을 알지 못하고 그들의 살과 피는 나의 것이기도 하여 나는 냄새로 완성된다

촛대와 냅킨을 들고 식탁으로 걸어가는 가족들이 있고 지상에서의 마지막 식사가 시작된다

지금 집을 짓지 않는 자는 영원히 집이 없을 것이므로* 나는 지붕 위로 떠오르는 가족들의 긴 꼬리를 잡는다

눈이 내린다 가로등 불빛 아래 눈은 먼지처럼 오래고 말이 없다 개가 썰매를 끌듯이

나는 지금 집을 떠메고 날아오른다 아니 흩날린다 더럽

고 조용한 길 위에서

 슈베르트로부터 나는 못생긴 얼굴을 물려받았고 불친절함을 배웠다

* 지금 집이 없는 사람은 이제 집을 짓지 않습니다. ——릴케, 「가을날」 중에서.

단지 금발인 여자

나무는 초록과 분노로
나무는 말이 없다
나무를 사랑해

나는 당신의 축제를 믿지 않는다
당신은 점점 외로워지니까

오래 흔들리더라도 요람은 요람의 세계에
손은 제 갈 길을 간다
오른손 왼손 각각 아름답다

*

당신의 머리칼은 바람에 기대고
당신은 자유롭게 연애를 즐기고
당신에게는 미끄러짐의 물매가 있다

애인들마다 곤란해졌어요
무한책임회사에 등록을 원해요

금발은 지겹고
금발은 만연해

     *

나는 미용실에 다녀오는 외로움에 대해
새로운 출발에 대해 자유롭다

고래 연구가가 되어
물속에서 대화를 하고
디스커버리 채널에 나오더라도

세계를 자신의 밥과 혼동했으므로
나는 당신과의 식사가 불편하다

     *

그렇다고 내가 침을 흘리지 않는 건 아니지
내가 동물이 아니라는 건 또 아니지

유연하고 아름다운 허리가 필요해
미루나무, 미루나무같이

고베의 지진

하야시 유미와 나는 여행 중이었다
유미는 고베를, 나는 서울을 생각하지 않았다

고베의 그녀는 지진에 대해 말한 적이 없었고
나는 유미 없는 고베를 알고 있었다

고베의 유미에게 편지를 쓴다, 안녕 유미
지진 많은 도시에 사는 하야시 유미는 아이들을 가르치고
고베의 아이들은 지진을 두려워하지 않을 것이다

고베의 유미, 하야시 유미는 서울을 알지 못하고
서울로부터 한 통의 편지를 받는다, 안녕 고베

유미는 고베의 지진에 대해 말한 적이 없고
나는 그리운 유미에 대해 말한 적이 없다

고베에 하야시 유미가 산다

지붕 위의 식사

—어둠 속에서 프란시스의 얼굴을 보았지. 나는 나인 듯 프란시스에게 말을 걸어도 배경은 일그러지고.

나는 나인 듯
어느 맑게 개인 날에
시금치를 삶고
북어를 찢는다

골목마다 장미가 피어나고
오후에는 차를 마신다
어느 맑은 날에는,

낮잠을 자고
어김없이 목욕을 하고
나는 또 나인 듯이
외출을 한다

나는 나에게 다 이른 것처럼
클랙슨을 울리고
정말 나인 것처럼
상스럽게 중얼거린다

국부적으로 내리는 비,

어느 날엔가 나는
머리카락을 매만지고
빗방울은 말없이 떨어진다

나는 내가 아닌 것처럼
손등을 어깨를 훔쳐본다
나는 나에게 이르러
늦은 저녁 식사를 하고,

내가 갈 수 없는 곳들의 지명을
단숨에 불러 본다
내가 나에게 이른 것처럼
마치 그런 것처럼

수레의 영혼

　—조화를 가득 실은 수레가 도선 사거리를 지난다. 어제도 그제도 오늘 내가 보는 이 꽃도 영원히 시들지 말라고 비가 내린다.

아무것도 파괴되지 않았다
당신과 나는 너무 많이 웃었다

30년 동안 물구나무를 선 남자는
꽃밭에 이르러 그만두었다고 한다
1년 후에 남자는 죽었고 성자로 추앙받았다

길 위에 꽃이 피어났다 우연이었다

나는 수레도 영혼도 수레의 영혼도 영혼의 수레도 믿지 않지만

you can count on me

밀라노로 유학을 떠나고
카자흐스탄의 미래를 걱정하고

나는 아무것도 아니다
결코 파괴되지 않을 것이다

나는 낙관적이다, 이건 사랑의 방식

감은 감꽃으로부터 얼마나 먼가
마른 나뭇가지 위에 다다른 까마귀와 같이

공이 마구 휘어져 돌아갔다
제 갈 길을 갔다

아무것도 파괴되지 않았지만
새로운 것들이 수레에 실려 왔다

꿈의 구장

 바람이 많아지고 몇 개의 모자가 날아가고 잠은 아주 얇아졌지 꿈의 커튼을 열고 날아오르는 야구공, 글러브, 부러진 방망이. 나는 베이스 러닝의 순간이 좋아 멀리서는 뚜렷했던 것들조차도 가까운 곳에서는 희미하지만

 한때 우리는 서로 아름답게 엉켜 있었지 나는 길 위에서도 자주 눈가를 훔치지 길고 아름답게 풀려 나가는 두루마리 화장지를 구장으로 날리고 싶어 아니면 깨진 병을. 가을 햇살이 떨어지는 보도블록을 걷고 있을 동안

 신호는 내가 모르는 사이 바뀌고 차가 지나고 내가 건너고 다시 차가 지나지만 잠이 아주 얇아졌어 새벽에는 엄마가 한 번, 아버지가 한 번 나의 방문을 열고 나의 잠을 엿보시지 눈을 감고 계속 걷는다면 나는 어디에 이를까

 플로리다의 하늘을 선명하게 가르는 야구공을 그려 보지만 잠이 너무 얇아졌어 나의 잠 속으로 너무 많은 사람들이…… 전광판 위에는 내 잠의 기록이, 나는 이제 꿈의 베이스 러닝을

써치 라이트를 받으며 공은 떠오르고 날아가는 새들은 꿈속인 듯 공과 만나지 나는 나의 긴 잠 속으로 걸어 들어가고 싶지만 내가 걸어온 길 위에 마구 침을 뱉지 사람들은 점점 뜨거워지고

아이스링크

코치의 휘슬에 맞추어 아이들이
포즈를 바꾸었다 아스팔트 바닥을
박차고 미끄러져 나갈 듯하지만
아이스링크 앞마당의 나무와 자동차는
견고한 것이다 아이들의 손과 발은
허공을 가르고 구름을 찌르지만
앞마당의 그늘은 좀처럼
자리를 바꾸지 않고 아이들의
땀방울은 이마로 목으로
흘러내린다 휘슬이 길어지면
아이들의 작은 엉덩이가
더욱 기우뚱거린다
아스팔트 위에서는 넘어질 수 없다는 듯
날 수 없다면 크게 울어 버릴 듯
아이들은 검은 바닥을 차고
검은 물을 튕긴다
나무의 뿌리가 땅속으로 발을 뻗고
흙의 이야기 속으로 빠져 들듯이
바퀴가 바퀴의 언어를 키우듯이
아이들은 지금 뜨거운 앞마당에

발을 뻗는다 저마다의 속도와 이야기를
뿜내는 것들 속에는 까치와
까치에게 내장을 뜯긴 비닐봉지가 있다
얼굴을 바꾸는 것은
구름이고 아이들은 구름을 향해
더 높이 엉덩이를 쳐든다
검은 아스팔트를 유유히 빠져나간다

이중 모션

고양이는 뜻없이 멈추고 고양이는 뒤돌아본다 이 밤에 얼마나 배가 고플까 얼마나 길어질 수 있을까

고양이는 더럽고 고양이의 얼룩은 번지고 이 마을과 저 동네를 거쳐 고양이는 두 개의 다른 얼굴을 내민다

믿을 수 있어? 마시멜로는 지구 일곱 바퀴 반을 돌아도 끊어지지 않는다는 거야 이 밤에 얼마나 고독할까 고양이는

그렇다고 고양이가 시간에 대한 어떤 태도를 가지는 건 아니지 슈퍼맨이 댐을 막기 위해 안경을 벗었을 때 나는 그의 코스튬이 부러웠을 뿐

고양이는 한없이 길어지고 고양이는 어떤 태도를 감추고 있네 단숨에 뛰어넘을 수 없는 거리를 가졌지

슈퍼맨은 어지럽고 고양이는 감쪽같이 사라졌어 내 머리 위에서 돌아가는 저 어두운 별, 별.

떨어지는 하나의 별을 봤을 때 내가 기도했다고 생각해? 짧고 순간적인 꼬리가 힘겹지 않아? 그 꼬리가 담장 하나쯤을 무너뜨릴 때

따뜻한 비닐

나는 나로부터 멀리 왔다는 생각
편의점의 불빛이 따뜻하게 빛날 때
새벽이 밀려왔다 이 거리는 얼굴을 바꾸고
아주 천천히 사라질 것이지만

나는 역시 나로부터 멀리 왔다는 생각
두 다리를 쭉 뻗고 자고 있겠지만
먼저 깨어난 사물들은 위험천만하게
나를 위협할 것이다 나는 모르는 척
몽롱하게 걸어 다닐 것이다

나는 나로부터 비롯되어 배가 고프고
편의점에 가서 우유를 사고 깡통을 사고
따뜻한 비닐에 먹을 것들을 담아
나와 가장 가까운 곳으로 가서
하나씩 까먹기 시작한다

지는 꽃에 대해서는 默默不答하고
단것부터 먹기 시작하겠지만
나는 종종 더 예뻐졌다는 생각

아주 몰라보게 예뻐졌다는 생각
이 거리는 아주 천천히 얼굴을 바꾸고

검은 소설

1

나는 뒤통수가 궁금해서 돌이 되어버린 자
그림자와 뒹구는 돌
돌 속의 뼈
뼈 속의 구멍
구멍 속의 피리
열 개의 손가락을 주무르는 자

2

강바닥을 훑던 그물이 배를 끌어당기듯이
심해로 들어간 자 고래의 말을 배우듯이
뛰던 남자가 뛰는 남자를 세우듯이
둘이 마주보고 잠시 쉬었다 다시 뛰어가듯이

3

항아리 속으로 들어간 무희는
오래 구르겠지만 무희의 발꿈치는
반들반들해지겠지만 구르던 무희는
무희의 어지러움으로 죽음과 만나겠지만

4

모래는 현실의 바닥을 딛고
고래는 고래의 뱃속에서 유전을 돌리지
뱃속에는 아름다운 공장이 있고
직공들은 옥상에서 햇볕을 쬐고

5

젖은 발을 말리지 검은 물이 흐른다면
그것은 무희가 배운 자세 무희의 손가락 발가락

내 안에 없는 검은 이야기
내 안에 있는 검은 이야기
오래 사라질 책

6

커다란 박쥐들은 굴뚝에 매달려
이야기의 단물을 빨아먹지
흑색은 백색으로 통하고
흑색은 백색을 건너가지

크래커 데이즈

개 한 마리 코를 벌름거린다

똥과 주인 사이를 얼마나 오갔을까

주인이라는 관념을 사는 한 마리의 무고한 개

적개심은 날개를 달지만

또 얼마나 향긋하고 어려운 냄새인가

크래커를 부수는 수많은 날들 위에

무릎을 꿇고 먼저 늙어 가는 개*

---

* 로제 그르니에, 『내가 사랑한 개, 율리시즈』 중에서.

두 얼굴의 구름

저녁이면 치장하고 나서는
저 구름은 처녀의 것이고
나는 저 구름을 맛보고 싶다
붉게 물든 저 구름은
얼마나 많은 사람들을 울렸던가

무거운 구름
저 구름은 이제 굴러간다
바퀴들이 날마다 피 흘리는 것을
구름은 지켜보고 있다
납빛 구름
강철 같은 날개를 달고

오는 아침 공원은
완전히 무너지고 있다
발을 맞추어 저 구름이
착착 진행되고 있다
나는 충분히 단련되었다

소녀와 양떼의 구름

지금은 대낮이다
구름 속에는 무엇이든 다 있다
내가 선택한 얼굴은 명백하다

박쥐처럼

박쥐처럼 거꾸로 매달려
그는 어지럽고
날마다 어둠 속에서
그는 말을 걸어오네
나는 빨간 눈을 비비며
까맣게 타오르지

박쥐처럼 거꾸로 매달려
그는 죽었으나
열대 과일처럼 대롱거린다
나는 하얀 손톱을 물어뜯지만
그는 꿀꺽꿀꺽 잘도 삼키지

나는 동그랗게 앉아
수수께끼를 푼다
그는 점점 뾰족해지고
박쥐처럼 박쥐처럼
그는 어둠 속에서
날마다 말을 거는데

나는 조금씩 찢어진다
그는 자꾸 환해져서
두 개의 커다란 이빨을 내미네
어려워서 어려워서
나의 입술은 검게 타오르지

제2부

아이 라이크 쇼팽

시장 바구니에 커피 봉다리를 집어넣은 여자
빈 병에 커피를 채우고 커피물을 끓이는 여자
커피물이 끓을 동안 손톱을 깎는 여자
쇼팽을 들으면서 발톱마저 깎는 여자
커피물을 바닥내고 다시 물을 올리는 여자
커피를 마시기 위해 커피물을 두 번 끓이는 여자
커피를 마시지 않는 저 여자
손톱을 깎으며 눈물을 보였던 여자
커피 한 봉다리로 장을 본 여자
횡단보도 앞에 서 있었던 여자
횡단보도 앞에 서서 오래 울었던 그 여자
빨리 건너지 않으면 더 오래 울게 될 거야
아직 건너지는 마 좀 더 울어야 되지 않겠어?
커피 봉다리를 들고 오래 울고 있었던 여자
이제 커피는 그만 마셔야겠다고 생각하는 여자
횡단보도 앞에 서 있는 여자
오래 서서 울게 될 여자 신호등이 될 저 여자
손톱 발톱이 마구 자랄 여자

고등어

　등 푸른 생선이 줄을 맞추고 누워 한곳을 바라본다 저 구름 흘러가는 곳, 한 여자가 한 남자와 함께 살다 또는 장을 보러 가다

　습관적인 손짓에 파리가 줄넘기를 하고 있다 그러니까 공육 시 이십오 분, 시장 모퉁이를 돌아 두 번째 집에서 고등어 한 마리를 산다

　잘린 제 발을 들여다보는 게 눈, 없는 다리가 가려워 거품을 문다 한 여자가 한 남자와 함께 살다 또는 시장 바구니를 오른손에서 왼손으로 바꾸어 들다

　동동거리는 새우의 발들이 미세하게 흔적을 지운다 증거가 없군, 한 여자가 한 남자를 만나다 또는 흐린 오후에 함께 차를 마시다

　한 그릇의 조갯살, 제삿밥처럼 가득하다 희다 어제 나온 장사꾼이 오늘은 나오지 않는다 한 여자가 한 남자와 함께 살다 또는 시장 바닥을 빠져나오다

비린내 나는 저녁이 몰려온다
고등어를 굽는다

유리문 안에서*

구체적이고 가혹한 질문을 하는 사람들이
날마다 소세키의 문을 두드렸다
소세키는 몸이 아팠고 기운이 없었지만
손님에게 차와 방석을 내놓았다
여자들은 울었고
남자들은 화를 냈다
모든 것이 너무 가깝거나 멀었지만
사람들은 둘 이상의 질문을 동시에 했다
소세키는 대답을 잘하는 사람이 아니었다
그러나 구체적이고 가혹한 질문을 하는 사람들이
소세키의 문을 날마다 두드렸다
유리문이었다
소세키도 화가 났고
생각이 안 풀렸고
추억에 잠겼다
투명한 집은 없다고
소세키는 유리문을 달았을 것이다
유리의 잔금을 안고
자주 아팠을 것이다
가끔 그의 고양이가 집을 나갔고

여자들이 죽었다
남자들도 죽었다
소세키도 지금은 그 자리에 없다

* 나쓰메 소세키의 산문집 제목.

만원 버스

수소는 가볍습니다
가장 높은 곳에서
가장 가벼운 몸으로
끝없이 떨어지는 거죠
떨어져 내리는 상상은 즐겁지만
이곳의 공기는 희박합니다

헬륨을 마시고 기글거리는 소녀들은
아름답죠 목소리가 다 다르죠
귓바퀴도 다 다르죠
풍선은 날아가라고 있는 거죠
이곳의 소란은 오래가지 않습니다

아이는 엄마를 한없이 무겁게 합니다
저것 봐요 고개를 떨어뜨리는 거
포대기로 아이와 엄마를
꽁꽁 묶어서 날려 보냅시다
아이 만들러 공장으로 갑시다
풍선 공장으로
풍선껌 공장으로

질겅질겅 어금니 속에는
한 바가지의 짜증이 있죠
날아오른다면
만원 버스일 거예요
머리 큰 아이를 업은 여자와
놀러 가고 싶어요
만원 버스를 매달고

칠레라는 이름의 긴 나라

엉거주춤 앉아서 지도를 들여다봅니다
칠레라는 이름의 긴 나라가 있습니다
마법사의 오랜 손처럼 길고 구불거립니다
이곳에서 부는 바람은 막연한데
마법사는 자꾸 커다랗고 흰 새를 날려 보냅니다
그러니까 지도 보기는 나의 취미인 셈이지요
오늘은 긴 나라를 모두 살펴봅니다
긴 나라의 뉴스를 듣습니다
당신의 나라는 오늘 날씨가 좋군요
나는 바람의 행로를 알지 못하지만
지도 위의 긴 나라들을 짚어 봅니다
흰 새들의 무리가 한꺼번에 날아오르고
하늘에 커다란 글씨를 매달지만
손가락 끝이 가늘게 떨릴 뿐
나는 이곳의 그늘을 좋아합니다
길고 아름다운 나라에서 흩날리는
당신의 머리칼과 그 바람에 대해
이제 말할 차례입니다만
그 바람이 너무 가깝게 나를 통과하므로
다시 주도면밀하게 따져 보고 있는 것이지요

칠레라는 길고 아름다운 나라가 있습니다
구체적으로 이 지도는 나의 착각입니다
저기 나뭇잎 하나 떨어집니다
지도는 잠시 접어 두고 밖에 나가서
나뭇가지라도 흔들어 보겠습니다
길고 아름다운 나라로 가겠습니다

아이스크림

클랙슨 소리가 연이어 났다 오토바이에 탄 남자 오토바이에 탄 여자 순서로 죽었다 죽을힘을 다해 부딪쳐 봤어?

길거리에서 아이스크림을 먹고 있었다 아이들도 어른들도 쳐다보았다 죽는 순간 눈이 마주쳤을까, 한 슬픔이 다른 슬픔을 누르고……

뭔가 조금 흘린 듯했지만 내게도 희망은 있다 우리 함께 죽을까? 즐거운 포물선을 그리며

가라앉는 작은 돌멩이, 살아 있는 작은 돌멩이, 바닥을 치고 올라온다 몇 개의 돌멩이가 내게 날아온다 아무것도 반성하지 않는 돌멩이

나는 그 순서를 모르겠지만 오토바이에 탄 남자 오토바이에 탄 여자 순서로 죽었을 것이다 클랙슨 소리는 그저 신경질적이지만

한 슬픔이 다른 슬픔을 누르고…… 아직은 살아 있는 것이 많았다 하늘이 새파랬다

나나

 정말 날 원해? 원해? 집중하지 못하는 것 그게 당신의 잘못이라면 크게 걱정하지 않아도 좋아요 마음에 없다는 건 구름의 발목 구름의 모가지

 함께 일을 도모하고 싶어요, 원하는 걸 갖지 않는 게 이 게임의 룰이죠 중요한 순간마다 나를 놓치는 거예요 벼랑 위의 오른손 왼손

 난간 위의 고양이가 얼마나 길어질 수 있을까요 엄마 아빠 아들 딸, 고모 또는 이모, 아니 할머니 이건 아주 불합리하잖아요 내가 뿌리가 어딨어, 하는 식으로 따지는 건 식상해요 그럴 때마다 쏟아지는 비

 건방지고 재수 없다고 하셨죠 그러나 나나, 나나의 어머니, 나나라는 조카 어디로도 들어갈 수가 없네요 침을 뱉는 걸 연습 중이에요 첫사랑의 남자들은 침을 뱉고 성냥을 물었죠

 공원의 아이들은 시소를 타고 누구나 한번쯤 기울어지지만 나나라는 이름의 여자는 무게가 없어요 저기 떠오르는 노란 풍선

이상한 각도

밤에는 집들이 아주 작게 보여 저 가로등은 먼 곳에서부터 항해를 하지 교회의 십자가는 푸르고 집들은 갈 데가 없네

성냥갑 속의 삶을 노래하던 여가수는 어디로 갔을까 나는 그녀가 가장 아름다운 성냥을 가졌다고 생각해 그녀가 내게 마지막으로 담뱃불을 붙여 준다면……

샴쌍둥이처럼 호흡기를 나누어 가질까 내가 잘 구운 빵을 먹고 싶을 때 당신은 밀가루로 둥글게 반죽을 하지 우리는 조금 멀리 왔어 그리운 집으로부터 갈 수 없는 마을까지

오래 서 있는 나무들, 속으로 피어나는 꽃들, 나는 길을 떠나고 그 길 위에서 노래하지만 목소리가 곱지 않아

밤에는 연못을 파고 그곳에 물을 채우지 쪽박 쓰고 산통 깨고 나는 날마다 목이 마르네 그리운 집으로부터 갈 수 없는 마을까지 우리가 흘러들었을 때

세계의 날씨

나는 구름의 그늘 속에서, 구름이 등지고 있는 찬란한 햇빛의 호위나 쏟아지는 빗줄기가 가져다줄 달라진 풍경을 예감할 수는 없어. 오늘은 기상 캐스터가 회색 재킷을 입었다.

세상의 모든 날들 위에 걸쳐 있는 구름 혹은 오늘의 날씨. 청혼을 받았고 러브레터를 쓰는 중이야. 가을이 다가오고 모든 것들이 조금씩 변하는 것도 나쁘지 않지만 천년만년 겨울이라면······

오늘의 날씨를 전해 주는 기상 캐스터의 숄더, 숄더백, 우산 그리고 탄생석을 박은 굵은 알반지. 남은 날들 위에 친절한 사람과 함께 있고 싶어.

욕조의 물이 넘치고 비누 거품이 나를 가리고 나는 깨끗한 몸과 하얀 이를 드러내 보이며 웃고 있어. 네가 결정한 날들 위에 우산을 꺼내 쓰고 방수 점퍼를 껴입고 외출을 해. 네가 결정한 수많은 날들 위에.

요술

 엄마는 걸어가고 아이는 뛰어간다 질질 끌려간다 손에는 나눠 먹을 풍선껌과 초콜릿, 그런 십대를 보내고 싶다 지붕 위에서 마티니를 마시고 십대에 엄마가 되는

 아이들을 주렁주렁 매달고 퀴즈는 기가 막히게 풀지만 문제는 없다 엄마와 아이는 기차역 앞에서 담배를 피우고 엄마와 아이는 환상적으로 긴 기차를 타고

 네거리에서 키스를 하는 연인들, 입을 물고 있는 입 코를 물고 있는 입 목을 다리를 물고 있는 너무 어렵고 커다란 검은 구멍

 난 엄마가 된 지 백 년 됐다 익사이팅한 아버지를 만나

공놀이

아이들 공놀이를 하고 거짓말같이 공이 떠오르고 엄마는 멀리 그늘에서 고구마의 어린순을 다듬고 손끝에 핏물 곱게 들고 나팔꽃 지지배배 몰래 울고

지나갈 비가 지나고 거짓말같이 옷이 마르고

공원에는 시작되는 연인들 끝나는 연인들 쌍을 지어 날아오르고 못 본 척 즐겁게 춤을 추다가 그대로 멈출 수 있는 아이들 멈추지 않고 자라고 또 자라서, 내 오랜 엄마는 어둡고

팬지는 차갑게 웃고 지고
공놀이에는 무엇이 필요한가 왜 필요한가

풀 스토리

 수가 없었다 물건들이 자꾸 땅에 떨어졌다 본래 나쁜 건 아니었다

 칼과 왕관의 이야기를 했다 살을 펄럭이며 걸었지만 사람들 배부르지 않았다 똥구멍이 찢어지도록 가난하게 살려고 너도나도 이야기를 좋아했다 포기할 수 없는 서사를 가진 것은 아니다

 날마다 다른 남자와 다른 연애를 했다 아파트 경비가 눈총을 주고 덜 자란 아이들이 오락실에서 비행기를 폭파하고 무사를 죽였다 남자들 여자들 슬픔을 이기고 다시 살았다

 이제 폭탄과 미사일에 관한 이야기를 해야겠다 주제는 그렇다 어두운 인과관계로 사람들 다시 모여들었다 이 길은 오래고 익숙하지만 물건들을 자꾸 땅에 떨어뜨렸다

기차를 타고 유럽의 얀에게

 나는 얀을 생각 중이죠 불안은 불안을 낳고 예감은 또 다른 예감을 낳아 기차가 움직이고 슬픔의 힘을 옮기고

 같은 얼굴 같은 표정으로 사람들 기차를 타지요 손을 오래 흔들고 오래 흔들리는 기차, 현실적으로 부딪치는 기차, 여기 되돌아온 얀에게 얀의 곁에서 자주 속력을 내는 꿈을 꾸지만*

 나는 얀을, 계속 얀을 생각 중이죠 조그만 역으로부터 길이 열리고 기차가 달리고 기차는 달리면서 경계를 허물죠 날아오르는 까마귀가 들어 올리는 미치게 그리운 현실

 나는 지금 국경을 넘고 있지만 얀에게서 얀에 이르기까지 기차는 달리고 의심은 나를 키우죠 기차가 천천히 울기 시작하고 먼 대륙의 끝에서 누가 이토록 오래 기다리고 있는지

 얀에게서 얀에게로 흐르는 회색 구름

* 난 항공역학적이길 바랐소, 자주 속력을 내는 꿈을 꾸거든요. ──모리스 앙리, 『동키호테의 탈출』 중에서.

새벽 강가에서

두루미의 견고한 자세에 대하여 물가에 서성이는 나는 아무것도 모른다 등 굽은 자세로 돌을 던지고 나는 벌써 몇 번이나 저 물을 건너고 있는 것이다

알에서 물새가 한 마리 깨어나고 다시 깨어난 물새의 견고한 자세는 밀려오는 새벽을 막지 못한다 두루미는 두루미의 목통에 기대어 울 뿐 저 굽은 물가에 강물이 흐르고

깊이가 다른 강바닥은 내게 다른 물빛을 요구한다 나는 江心을 가늠하여 그 바닥을 몇 번이나 되짚었다

두루미의 목통은 커다란 물고기를 삼키고 물고기들은 위험에 기대어 물가로 올라왔다. 새벽 강가에서

명백하게 두 눈을 뜨고도 나는 놓쳤다 두루미는 견고한 자세로 수없이 나를 놓치고 있는 것이다

무서운 옷장

우리 배고프니 서로 잡아먹기로 하자
자 어서 시작하자고
그는 옷을 벗고 옷장 속으로 들어갔다
배부른 그녀가 쏟아져 나왔다
그녀가 옷을 벗고 옷장 속으로 들어갔다
배부른 그가 쏟아져 나왔다
자 자 울지 마 다시 내 차례야
배부른 그와 그녀가 옷장 속으로 들어갔다
옷장이 어둡군
옷장이 더럽군
자 자 웃지 마 네 차례야
배부른 그와 그녀가 옷장 속으로 기어 들어갔다
옷장이 뒤틀렸다
거대한 단추들이 쏟아져 나왔다
세탁기로 기어 들어가는 그와
빨랫줄에 목을 거는 그녀
너무 많은 단추를 삼켰어
자 우리 이제 배부른데 서로 내뱉기로 하자

당근 소동

지하 식당의 음식 속에는
여주인의 표정이 있고
더러운 행주가 있고
그리고 당근이 있다

나는 음식 속의 이 풍부한 영양과
여주인의 행방에
모종의 함수관계가 있다고 생각하며
덜 익은 당근을 꼭꼭 씹는다

당근은 분명 감자와 다르다
입속에 씹히는
이 알 수 없는 뿌리는
누구의 아름다운 발목인가

나는 흙의 이야기 속으로
빠져 들겠지만 저기
육개장 닭도리탕을
주문하는 손님들
당근은 붉고 가지런하고

당근은 도마의 깊이를 가로지른다

알 수 없는 식욕과
채찍에 길들여진 밥상과
초원을 달리는
늙은 말의 상상력

당근의 육질은 감자와 다르지
영 다르지
지하 주차장의 푸른 용달과
당근 박스와 어지러운
비닐봉지들

뿌리가 있고
행주가 있고
용달이 있는

지하 식당의 오후와
조용하고 가지런한 바퀴들

사소하고 개인적인 슬픔

궁금한 걸 묻지 못했지
무능력한 남자와 살다가
애기를 놓고 애기를 업고
기찻길 옆 나무와 서 있다가
슬리퍼 끌며 되돌아오는 방식으로

밥상을 차리거나 엎거나
아이를 달래다가 내가 울어도
기찻길 옆 기차가 지나가는 소리를 들으며
반복적으로 서 있는 방식으로

궁금한 걸 묻지 못했지
저 나뭇잎은 왜 흔들리냐고
저 나무는 무슨 꿈을 꾸냐고
나는 어떤 상상 속에서
아주 개인적인 형식으로

저 신기한 나무 아래 흔들리는
나의 창과 당신의 방패는
서로 다른 전쟁을 하고 있지

이 죽음은 마땅히 그러하므로

나는 궁금해도 입 다물었지
저 노란 꽃은 왜 가늘게 흔들리는지
당신은 다른 그림을 내밀었지
궁금해도 단번에 죽지 않았지

나는 전혀 다른 방식으로 서 있는데
이 나무는 흔들리는 것이 아니다
이 나무는 사소하고 개인적인 슬픔을 가지고
기찻길 옆의 마을에서

나를 생각하는 어둠

생각하는 어둠 속에 저 나무는 서 있다
내가 저 나무를 불러 봐도
저 나무는 오래고
생각하는 어둠 속에서
저 나무는 명백히 죄가 없네

나는 그것을 어떤 가벼움이라고 말해야지
어둠을 깨는 어둠, 차차 나아지는 어둠
나는 멀리 돌아온 나무에 기대어
달리고 싶다 끝까지 버티고 싶다
이곳에서는 잠시 서 있어도 좋겠네
줄기와 잎과 가시와 꽃과,

저 나무 우두커니
저 나무도 조금 기울어지고 싶어서
시치미를 떼고
좀 더 흔들리고 싶어서

저 나무는 나의 죄를 묻네
줄기와 잎과 가시와 꽃과,

어둠 속에 나는 서 있지만
나의 자세는 아주 명백하지

저 나무와 나는
생각하는 어둠 속에 서 있네
길고 가는 손을 뻗어
우리는 한 어둠과 만나지만
저 나무와 나는, 어두운
당신과 다른 나무에게로
이 길은 어떤 자세도 받아들이네

희망에 대해 말씀드리지요

가시다람쥐는 가시다람쥐를 찌른다
가시다람쥐는 장미다 가시다
가시다람쥐는 가시다람쥐를 찌른다
담장은 장미와 가시를 키운다
가시다람쥐는 가시다람쥐를 찌르고
담장은 가시다람쥐를 품는다
가시다람쥐도 가시다람쥐를 품는다
장미도 가시도 오월이라 웃는다
온통 찔리고 웃는다
장미도 가시도 가시다람쥐가 품는다
가시다람쥐는 가시다람쥐를 찌른다

제3부

봄의 얼굴

땅속으로 사라지는
일개미들의 행렬

구멍의 얼굴
구멍의 표정
구멍의 식욕

물의 거친 표면에
제 얼굴을 새기는 눈동자와 같이

천 개의 구멍을 품고 흐르는
강물의 어두운 표정과 같이

*

내가 건널 수 있는 것은

하나의 눈동자
하나의 표정
하나의 이야기

뿌리가 있고
왕이 있고
어린아이들이 우는

검은 구멍 속의
축제와 불꽃놀이

                      *

내가 마주친 얼굴들은
모두 하나이거나 붉었다

폭죽은 꽃처럼 터져 나오고

사람들은 거리의 표정을 읽는다
램프 속 거인의 충실함으로

세 개의 소원 중에 마지막의 것은
주인의 얼굴을 지우고 사라지는 것이다

*

원탁 위의 저녁 식사
식사 후의 산책과 독서와 양치질

나는 얼굴을 지우고 구멍 앞에 선다

구름은 나를 삼키고
구름은 나를 토해 놓을 것이다

바람의 구멍
구멍 속의 지도

모의하는 기계들처럼
산발적이고 우연한 가지들처럼

그해 여름

1999년 여름 나는 생애에서 가장 훌륭한 생각이 떠오른다

나무를 가꾸는 방식으로 구름을 가질 수 있다면……

그해 여름 나는 생애에서 가장 훌륭한 생각이 다시 떠오른다

구름의 형상과 구름의 습기는 무관한 것인가
구름이 물고 가는 것은 나의 상상력

존재의 근원을 체험하고 스스로를 다시 선택할 때
구름은 어떤 자세를 취할 것인가

나의 손가락이 가리키는 아름다운 방향과
치어 죽은 고양이와 새들의 영혼이 추스르는
조각난 뼈와 살점들

골목에서 담장 위에서
처음부터 끝까지 웃고 있는 구름

1999년 그 여름의 습도는 전부 형상을 가졌지만
사라진 동물들의 꼬리에서 다음 해가 이어졌다

나는 한결같이 생애를 통틀어 가장 위대한 생각에 매달
린다

전쟁은 분명하지 않으며
매번 다시 죽기 위해

구름은 구름의 뒤를 물고
치어 죽은 동물들은 더욱 납작하게 엎드리는 것이다

칠 일간

내가 삶는 이 감자는
푹푹 익고 찜통을 이겨 낼 듯하다
칠 일 후에도 감자는
차례대로 익을 것인가

칠 일간 사라진다면
보일러는 누가 끄고
흘러내리는 땀은 누구의
목덜미로 떨어질 것인가

한밤의 냉장고는 전등과 같아
나의 배고픔을 비추네
다 식은 감자는 미래에도
배고픔으로 벌어질 것인가

길을 물었던 사람은
서서히 뒷모습을 지우고
나의 손가락은 칠 일간
한 방향으로 자랄 것이다

칠 일간 사라진다면
마당은 누가 밟을 것이며
칠 일간 자라나는
악취는 누가 견딜 것인가

칠 일간의 수레와
칠 일간의 모종삽과
칠 일간의 빈 마당
나는 칠 일간 불을 환히 켜고

기중기

공사장의 기중기를 바라본다는 것
한쪽에 콘크리트 덩어리를 매달고
다른 쪽으로 철근들을 옮기는
기중기의 육중한 몸매를 알아본다는 것

동시에, 기중기의 회전과 전진과 하강
철근은 건물 위로 촘촘하게 박히는데
반만 박힌 철근들이 듬성듬성한 머리칼처럼 보여
철근들은 조금씩 나부끼고는 하지

내가 공사장의 인부들에게 길을 묻는다는 것
가을꽃들이 망치처럼 내 가슴을 누른다는 것
맨홀 속에 빠진 아이들은 아직 웃고 있겠지만
공사장의 먼지는 몸이 될 것이지만

가을의 원근법과는 무관한 자리에
건물들이 조금씩 솟아오르고
표정을 숨기고 구르는 낙엽들
나의 회전과 나의 전진과 나의 하강

철의 장막

나는 집도 잠이 든다고 생각한다
처마 끝에서 떨어지는 빗방울이
가져다준 은폐의 환상이다
방마다 사람들은
서로 다른 꿈을 꾸고
다른 방식으로 양치질을 하고
다른 자세로 잠들겠지만

빗방울은 지붕을 때리고
떨어지는 빗물은 빗장을 친다
아래로 더 아래로
바닥까지 아름다운 세계로
나는 집도 꿈을 꾼다고 생각한다

지붕 끝에 매달리는 물방울은
지붕을 한없이 길게 할 것만 같고
장님이 막대를 더듬던
무서운 시간을 불러온다

사람들은 지붕이 뚜껑처럼 열리는 일을

두려워하지만 기둥이 무너지고
지붕이 날아가는 건 이야기의 힘이다
사람들은 입이 크고 험하고
어떤 냄새를 풍긴다

비 오는 날 정든 집의 처마 밑에서
누가 한없이 기다리고
누가 한없이 울고 있는지
탕탕탕 울리는 소리가
전쟁 포로의, 무기 징역 죄수의
모가지를 연상시킨다

눈을 감았다 뜨더라도
내 정든 집을 위해서 깨어 있어야지
나는 양치질을 하고 물을 마신다
샤워를 하는 동안의
쏟아지는 물이 나의 몸을 관통하고
비누 거품이 감싸는,
눈감은 세계가 두렵지만

비 오는 날에는
인도적 환상에 매달린다
내리는 비는 피할 수 없이
사선을 긋는다
오랜 시간 천천히 쓰러진다
저 빗방울이 매개하는
커다랗고 더러운 입
검은 구멍

속으로 빠져든다
비 오는 날의 잠이 든 집
비 오는 날의 불을 켠 집
먼저 울고 있는 집
집 밖으로 나간
구름들을 위해 울고 있는
아무것도 아닌 장막을 위해
또다시 타오르는
정든 집을 위해

뮤직 박스

기계들의 무의식 속에는 음악이 흐른다
강철을 자르는 강철의 속도와
강철을 다듬는 강철의 리듬에 맞추어
나의 발은 아름답다

유리를 가르는 돌의 단단함과
유리를 다듬는 돌의 유연함과
조금씩 흘러내리는 창문들 풍경들
안구는 유리처럼 갈라질 것인가
폭발할 것인가

무의식의 자율성은 아름답다
길거리에서 벽과의 대면 식사
오수와 오후의 클래식
나는 거리를 지나는 불특정 다수로서
고개는 조금 수그린다
어떤 스텝을 밟을 것인가

모든 기계의 무의식 속에서
흘러나오는 음악과 불꽃들

나는 유리를 불러
유리 공장으로 간다
용광로 속에 발을 담근다
나의 가장 아름다운 구두를 위해
나의 자정을 위해

흘러내리는 강철 같은 바늘들
바퀴들 불특정 다수의
아름다운 귓바퀴와 숨결들
기계들의 무의식 속에
들어 있는 소문난 창문들
풍경이 건널 수 없는,
기계들의 무의식 속에는 영혼이
강물처럼 흐른다

미래의 이야기

이야기가 계속되려면 동전을 좀 더 넣어야 하지
나는 이야기 머신 앞에 앉아 조금씩 입이 벌어지네

이야기가 계속되려면 초콜릿 장수는 초콜릿을 좀 더 팔고
극장의 불은 꺼져야 하지 배우들의 몸은 평면적이지

나는 이야기 머신의 가슴 속으로 얼굴을 파묻지
한번 빠져 든다면 그다음은 모르지

이야기가 계속되려면 이마를 짚는 손이 필요하네
아무도 모르는 이야기가 시작되지만

배우들의 몸은 계속 평면적이지 커튼의 주름 속에는
이 빠진 귀신들이 웅성거리고

나는 동전을 짤랑거리며 망설이지
다음 이야기는 모르네 정말 모르네

창문에서 골목에서 담장 위에서
구름은 아이스크림처럼 계속 녹아들고

나의 이야기를 사시오,
커다란 두 눈을 부릅뜨겠지만

나는 미래의 이야기에 손끝을 베었네
그다음은 모르네 정말 모르네

새들의 전쟁

이 도시가 무엇을 더 낳으려고 하나
밤안개가 끼어 있다
상점 앞에 취한 잠을 부리고 있는 남자의
젖은 소매와 바짓단, 구멍은 캐릭터

열을 지은 비둘기, 목을 부풀린 비둘기
비둘기들이 뱉어 놓은 밤비둘기들이
날아든다 모서리를 갉아먹은 쥐들이
지하로 흘러드는 사이 밤비둘기 구구구

고소한 풍미를 즐긴다 무엇을 더 낳으려는지
밤안개가 끼어 있다
비둘기들 이 밤의 새로운 파이터
남자의 주머니 속으로 기어드는 어둠은 캐릭터

하얀 살들은 살대로 엉키고
팔과 다리가 없이, 부푼 저 둥그런 목
피의 날개를 얻으니 어둠은 캐릭터
곡선의 플랫폼, 무엇이 먼저 도착하는가

부츠와의 대화

인생은 항해와 같다고 말해도 좋지만
다만 대화의 시작은 부츠와, 부츠와의 대면을
혀가 딱딱하게 굳고 침을 삼키기 어려워진다면
부츠와의 대화를 시도해
철갑을 두른 듯 검고 푸른 대화를 이어나가기

머리끝부터 발끝까지 구두를 신은 것 같다고
흑인에 대한 인상을 말해도 좋아
순서가 바뀌었어 하이힐, 하이힐과 대화를
맥없이 툭 떨어지는 팔처럼
깊은 수렁에 빠진 듯 경련하는 다리처럼
순간 사라져도 좋지만 되돌아와도 좋아

골목이 삼키는 뜨거운 발자국들
그러나 상관없어
대화의 미학은 다리에서 시작되지
부츠, 부츠와의 대화를
뾰족한 것은 언제나 열쇠와 같아
나는 대화를 시도해

불타오르는 운동장

미뉴엣 중간 소절은 내게
웅덩이 같은 것이었다
똑같은 곳에서 매번 어긋났다
춤을 추다가 치맛자락을 밟거나
구두가 벗겨진 여자들처럼
선생은 무시무시한 표정을 지었다
발버둥을 쳐도 파티의 시간은 더디 가고
한번 엉긴 스텝은 잘 풀리지 않았다

골키퍼는 온몸을 던졌지만
공은 반대편을 향해 날아가곤 했다
골키퍼의 기울어진 고개를
어쩔 수 없는 것을 향한 시선을
본 적이 있다 웅덩이에 직면한 것이다
젖은 손과 발은 말릴 수 있지만
시선은 칼과 같은 것이었다

제철소 남자들은
실업과 무력감에 젖어 있었지만
벗어 버릴 재킷과 바지가 있었다

구직의 기다란 줄을 따라
음악이 흐르고
남자들의 발이 조금씩 움직였다
환호는 커다란 집과 같아
웅덩이는 조금씩 얕아졌다

서커스단 아이들의 팔다리는
아무렇게나 접히고 구겨졌으며
차력사들은 밧줄을 입에 물고
트럭을 끌어당겼다 웅덩이쯤은
피해 갈 수도 있을 것이다

나일론을 뽑는 거대한 기계 앞에서
하얗고 빛나는 접시 위의
누구의 것인지 모를 아름다운 살 앞에서
종종 그렇게 시간이 멈추었다

그리운 비둘기

팽팽하고 매끈한 비닐봉지가
과일 트럭에서 빠져나와
도로 위를 뒹군다
바람의 움직임인지
바퀴의 움직임인지
검은 구름처럼 길을 점령한다
바닥은 바닥의 몫이 있다는 듯이

이 시대에 구도적 자세가 웬 말인가 싶다가도
길 위에서 찢겨 나갈 비닐봉지가
구르는 노란 참외알들이
신성하게 여겨지는 것이다

약속된 장소에서 날아오르는 비둘기들
약속된 시간에 죽어 가는 사람들
우연, 우연, 우연하다가
운명이라고 말 바꾸어 버리는 일

세 식구가 굳이 2인용 좌석에 나누어 앉느라
포개어지고 삐져나오는 엉덩이를 바라보며

나는 버스 안이 너무 고요하다 생각했다
과속과 무정차와 신호 위반과
시야를 침범하는 검은 비닐봉지가
나를 집으로 데려왔다

시끄럽고 무관심하고 재밌는
세간들이 나를 기다렸던 것이다
비닐봉지에 서너 개씩 담아 온
신 자두와 복숭아를 한밤에는 깨물고 말겠지만

구구구 우는 비둘기는 목을 부풀리고
회색의 날개에 회색의 날개를 더해
더 힘껏 날아오르겠지만
어떤 연인들이 한밤의 공원에서
그들의 우연과 운명을 점칠지

나는 신맛이 자두라고 복숭아라고
씨의 쭈글쭈글한 표면을
혀로 더듬다가 잠이 들지도
검은 비닐봉지를 씌운 밤이라고 생각할지도

지하로 달리는 사람들

나는 옆에 앉은 남자의 바지 주름을 보고 있다. 주름까지 물렁해진 남자들, 하나둘 셋 둘둘 셋 왕복 운동을 한다. 졸고 있는 남자가 떨어뜨리는 고개는 왜 한 방향이지? 왜 남자들은 기울어지지? 나는 어깨를 직각으로 세우고.

남자 앞의 남자가 신문을 보고 여자 옆의 여자가 책을 읽는다. 뜨거운 이야기의 마을에 이른다. 이야기가 끝나면 주인공이 타오르는 그런 마을. 하나둘 셋 둘둘 셋 박자를 맞추어 남자들 다시 잠이 들었다. 여자들 때때로 방향을 바꾸었다.

가방이 미끄러지고 치마 속이 드러나고 지갑은 주인을 잃지만 꼬리에 꼬리를 물고 열차가 달리고 얼굴을 바꾸어갔다 남자들이 내리고 여자들이 내리고 하나둘 셋 둘둘 셋 박자를 맞추어 걸었다 나는 분명히 직각으로 어깨를 세우고.

멀리 애인의 마음을 나는 모르고

봄을 생각하는 마음은
봄을 지나
지는 꽃을 지나
멀리 애인을 지나
그의 뒷모습을 지나

빈 땅에 연못을 파고
그곳에 물을 채우는 마음이 아니라
그곳에 피는 연꽃의 마음이 아니라
바람을 모르는 물결의 마음이 아니라

멀리 애인의 마음을 나는 모르고

꽃잎을 힐끗 훔쳐보았을 뿐인데
꽃의 내력에 대해서는 말하지 않았을 뿐인데

끓어오르는 나무들의 여름

먼 나라에서 에리카가 편지를 쓸 때

 너무 많은 질문들이 나를 그만 심심하고 지루하게 만들었어 날마다 다른 도시로 가서 빵과 맥주를 샀지 하루 종일 걷고 아침저녁으로 달렸어 귀찮고 나른한 여행이었어

 호두나무 속의 영혼을 이야기하는, 늙고 추하고 더러운 백인 여자가 내게는 영혼이 없다고 했지 그녀는 가볍게 웃었어 악마는 시간을 선택한다고, 그 시간이 나를 비켜갈 것이며

 많은 여행자들이 그럴듯하게 몸을 뒤척였지만 누구도 잠들지 않았어 한 불쌍한 영혼이 다른 영혼과 호두나무 속으로 기어 들어갔지 백인의 딸들은 끊임없이 더러운 물을 토하고

 미로 같은 골목 안에서 내가 길을 잃었을 때, 에리카는 에리카는 밤송이 같은 머리를 굴리며 해독을 했지 악마의 시간과 호두나무와 영혼의 새 옷에 대해

 이상한 나라에서 온 깊고 푸른 글자들 속에서 나는 춤을 추었고, 에리카는 조금 울었어 우리가 나누어 먹은 것

은 낯선 도시에서 구운 빵과 신맛의 맥주

　에리카, 내게 편지를 써 줘 내가 해독할 수 없는 글자와 어려운 그림을 포함하여 이 밤에는 나나 에리카나 먹을 것이 좀 더 필요하고 커다란 귀걸이와 호두나무의 그늘도

당신의 삶이 변화하지 않는다면 무슨 소용이에요

이건 치치올리나 스텔라의 대사. 어디에서도 그녀는 그렇게 말할 수가 있지 숨도 쉬지 않고? 단번에? 그럴 수 있어?

일로나 치치올리나 스텔라의 에로 무비, 「치치올리나의 초콜릿 바나나」의 열대우림과 악어새의 두려움과 악어의 눈물과

당신이 줍고 있는 현실적인 사과의 붉은빛.

사과를 조금 토하고 쓰러진 어젯밤의 여자와 사랑을 부정하고 학문에 회의적인 당신을 위해 오늘 밤도 치치올리나는 부지런을 떠는데

바람은 딴 데서 불어오고 우리는 왜 때때로 무너지는가 나는 무언가 조금 나누어 가지고 싶어서 치치올리나 式으로,

당신의 삶이 변화하지 않는다면 무슨 소용이에요? 이건 비밀이지 당신과는 하룻밤도 지내지 못했어

악어는 숨 쉬는 바위, 졸고 있는 사냥꾼, 당신은 하나도 무섭지 않지만 때때로 날아오르지

 당신이 눈물을 흘리며 날 집어삼킨다면 이렇게 말할래 당신의 삶이 변화…… 나는 치치올리나式으로 두려움을 모르고 마구 벗어던져도 당신의 삶은 결코 변화……

잃어버린 고양이와 바다를 찾아 떠나는 여행

당신의 모델은 누구인가
당신은 함께 살고 있는 사람이 있다
그 사람은 때때로 깨어 있다
침대를 나누고 식탁을 나누는 그 사람은
당신을 충분히 미워할 것이다
당신은 당신의 모델과 다르므로
당신은 우유를 마실 때 자주 흘리고
휴지를 구겨서 아무 데나 버린다
당신은 모델로서 제격이 아니다

당신이 당신의 모델을 엿보는 순간
당신의 모델은 당신의 자리를 내버릴 것이다
당신은 한없이 깊어졌으나
당신은 새롭게 선택된다
그러므로 다시 당신의 모델은 누구인가
당신은 함께 살고 있는 사람이 있다
당신의 모델인 사람
그 사람은 오늘 머리가 아프고
내일은 새로운 과일이 먹고 싶어질 것이다

당신은 당신의 모델을 위해 시장으로 간다
당신은 당신의 모델과 나란하다
아주 이상적인 빈틈이다
가오리연/가오리가 만나는 것은
하늘도 바다도 아닌데
당신은 당신의 모델이 너무나 만지고 싶겠지만
꼬리의 두려움은 두려움에 있다
두려움에 빠진 꼬리를 보았는가
당신의 미소는 아주 오래 묵었다

하이웨이 컬렉션

 떨어지는 빗방울이 땅바닥에 쓰는 핏빛 연서, 나는 비의 언어를 스크래치하는 자 다만 연필 자루를 끝까지 쥐고 있을 뿐이다

 노을을 보기 위해 고속도로 위에 줄지어 있는 차량들 긴 꼬리가 되어 붉은 것들만 골라 문다

 아무것도 응시하지 않은 채 죽음을 맞이한 드라이버의 희미한 얼굴처럼

 십 년 동안의 명상을 끝으로 제 꼬리를 잘라 버린 이구아나의 화려한 변신처럼

 붉어진다는 것은 흐려진다는 것
 천천히 깨달아가는 자는 통달한 자의 비늘에 베이지 않는다

 지는 해에 꽂힌 듯 제자리를 날고 있는 잠자리
 두루루 말리는 제 꼬리를 삼키는 큰 턱

연인들의 감은 팔은 흐느끼고 있다 서로의 동공을 천천히 부수면서 가던 길을 함께 가면서

나의 사랑 김철수

철수가 보면 어쩌죠?
이렇게 말해 버렸다고
화를 내겠지요
자기가 진짜 김철수인데
김철수가 사랑이라고 하면
사람들이 사랑을 믿겠느냐고
나는 철수의 사랑으로서
얼마나 손해겠어요
하지만 김철수 나의 사랑
철수도 어쩔 수 없죠
철수가 봐도
철수도 나도 괜찮아요
영호 같은
세상의 많은 철수를
두루 사랑하는 영희로서
나는 순희 같은
사랑을 한 거니까
그러나 사실입니다
나는 김철수뿐입니다
많은 김철수의 마음속에

나는 빛나는 영희로서
내 사랑은 김철수로서
순희 같은
영자 같은
미숙이 경숙이 같은
철수가 오늘은 말이 없어요
정말 화가 났나 봐요
내 사랑이 자기인 줄도 모르고
어른 김철수의 사랑이
무엇인지도 모르고

육교

이곳으로 망명하라
경계의 시간
불순한 세력

이곳을 건너가라
무언의 간청, 호소, 강한 고요, 승리.*

미래를 알고 있다면
나는 차근차근 도망가리
오전을 지나
오후를 지나

나는 당신의 죽음과
죽음의 그늘을
증명할 수 있다

나는 물렁하고
나는 무너지리
얼굴을 바꾸고 흐르는
구름과 같이

* 프랑시스 퐁주, 「식물」 중에서.

칸트의 동물원

1판 1쇄 펴냄 2006년 4월 25일
1판 4쇄 펴냄 2018년 8월 15일

지은이 이근화
발행인 박근섭, 박상준
펴낸곳 (주)민음사

출판등록 1966. 5.19. (제16-490호)
서울특별시 강남구 도산대로1길 62(신사동)
강남출판문화센터 5층 (06027)
대표전화 515-2000 / 팩시밀리 515-2007
www.minumsa.com

ⓒ 이근화, 2006. Printed in Seoul, Korea

ISBN 978-89-374-0740-6 03810

* 이 시집은 대산문화재단의 2004년도 창작지원금을 받았습니다.